ÖZBEKİSTAN'IN GENÇ LİDERLERİ

Uzbekistan Talented Youth

ANTOLOJİ

ISMOILOVA NIGORA

© Taemeer Publications LLC
Uzbekistan Talented Youth
by: Ismoilova Nigora
Edition: February '2024
Publisher:
Taemeer Publications LLC (Michigan, USA / Hyderabad, India)

© **Taemeer Publications**

Book	:	Uzbekistan Talented Youth
Author	:	Ismoilova Nigora
Publisher	:	Taemeer Publications
Year	:	'2024
Pages	:	54
Title Design	:	*Taemeer Web Design*

7 Haziran 2006 tarihinde Surhandarya bölgesinin Sariosya ilçesinde doğan **İsmailova Nigora Mirzoaliyevn**a, ilçedeki 12. Genel eğitim okulunun 11. Sınıf öğrencisidir.13

"Yaşlılığa boyun eğme anne" şiir koleksiyonu yayınlandı.

Prestijli Alman yayınevi "Globe edit", "Küçük bir kalpte büyük hayaller" adlı İnilizce şiir koleksiyonunu yayınlayarak satı.

MUHAMMED YUSUF'UN ŞİİRLERİNDE ANNE İMAJI

Surhandarya bölgesinin Sariosya ilçesindeki 12. Genel eğitim okulunun 11. Sınıf öğrencisi

İsmailova Nigora Mirzoaliyevna

ÖZET: Bu makalede Özbek şiirinin parlak yıldızı, yetenekli şair Muhammed Yusuf'un hayatı, eserleri ve şairin şiirlerindeki anne imgesi anlatılmaktadır.

ANAHTAR KELİMELER: şair, şiir, şiir koleksiyonu, şiir, yaratıcılık, "Tanıdık kavaklar", hayat, yetenek, doğuştan yetenek, kavram, kavram, anneye mektup, anne.

GİRİİŞ:

"Evrenin bir zamanlar bir noktanın, bir parçacığın patlamasıyla ortaya çıktığı söyleniyor. Eğer bu fikir doğruysa şiir sözünün yani şiirin özü, coğrafyaya dağılmış evreni bir araya toplayıp o noktaya sıkıştırmak arzusundadır" diyor Ramiz Ravşan. Ve şairin bu kutlu görevinden bahsederken şöyle diyor: "Her orijinal şair, Tanrı'yı kendi ana dilinde anlatır ve gerçek bir şair, Tanrı'ya kavuşmak isteyen, kanatlarını çırpan bir kuş gibi, dilinin semasını genişletir." Bir kuşun kanat çırpmasından bir melodi doğar, melodiye dönüşür, söze dönüşür. Bu uçsuz bucaksız gökyüzünün kuşlara, şairlere verildiği söylenmesi boşuna değildir. Güzel dilimizin tertemiz semasını sözleriyle genişleten nice şairler vardır. Özbeklerin mutluluğu budur. Bugün bu dilde söylenemeyecek hiçbir duygu, kavram yok. Büyük Navoi, Türk dilini kaba ve şiire uygun olmayan bir dil olarak görenlerin sınırlarını daha 15. Yüzyılda gösterdi. 20. Yüzyılın başında Kadiri ve Çolpon, özgün mensur şiirleriyle Özbek dilinde mensur eser yazmanın zorluğundan endişe duyanları şaşırttı. Sonraki kuşaklardan sanat dünyasının mimarı sayılan büyük şairler yetişti. Demek ki kutsal zincir millet var oldukça devam edecek ve devam edecek.

Geçtiğimiz yüzyılın son çeyreğinde edebiyatımızın tertemiz semalarında yol gösterici bir yıldız gibi parlayan şair Muhammed Yusuf, sade ve samimi sözleri ve kendine özgü şiirleriyle kamuoyunun dikkatini çekti. Kısa ömründe milli şiirin ve modern şarkının yükselişine mutlu bir katkıda bulunmayı başardı. Erkin Vahidov şair hakkında şunları yazdı:

"Muhammed Yusuf halkımızın dilinde sevilir ve tutulur, onu Anavatan şarkıcısı, İstiklal şarkıcısı olarak onurlandırır, Özbek halkına büyük sevgi ve sadakatle dolu nazik ve samimi şiirlerini takdir eder ve söyler. İnsanlar. Onun şiirine gerçekten kanatlı şiir denilebilir, göklerde uçan ve kalplere kanat veren şiir."

Halkımızın sevilen şairi Muhammed Yusuf, 26 Nisan 1954'te Andican bölgesinin Marhamat ilçesinin Qovunchi köyünde doğdu. Babası Yusuf ve kız kardeşi Enakhan'ın iki oğlu ve üç kızına aşık olarak büyüdü. Eşsiz bir yeteneğe sahip olan Muhammed Yusuf, çocukluğunda hayat dolu, pek çok şeye ilgi duyan, yüreğinde sevgi, damarlarında akan kanın coşkusu olan hayat dolu bir gençtir. Muhammed Yusuf çocukluğundan beri zeki ve meraklı bir insan olduğundan pek çok kitap okumayı sever ve sorularına yanıt arardı. Muhammed Yusuf aynı zamanda şiire ve edebiyata büyük bir tutku duyan, açık fikirli ve hayalperest bir çocuktu. Nenesi Tursunhan onun yüreğinde öyle bir sevgi uyandırmıştı ki. Muhammed Yusuf sıradan bir köylü ailede doğmuş olmasına rağmen öğreniminde ve çalışmalarında büyük başarılar elde etti. 1973 yılında liseden mükemmel notlarla mezun oldu ve Reshetov Rus Dili ve Edebiyatı Enstitüsü'ne girdi. 1978-1980 yılları arasında askerlik yapmış, bu dönemler şair için zor ve karmaşık deneyimlerin yaşandığı bir dönem olmuş, şairin yüreğinde "Vatan" duygusu daha da yoğunlaşmıştır.

Böylece şairin kapsamlı yaratıcı faaliyeti başlamış olur. Muhammed Yusuf'un yazdığı ilk kitap 1985 yılında yayımlandı ve adı "Tanish Kavakları"ydı. Samimi olması, halkın dilini ve halkın şarkıcısı olması nedeniyle kısa sürede halkın gönlünde yer edinmeyi başarıyor. "İltijo", "Bülbül'e Söyleyeceklerim Var"(1987), "Uyuyan Kız"(1989), "Kongilda ir yor", "Ishq kemasi", "Halima enam allalari"(1991).), "Yolgonchi" yor"(1994), "Seni göklerime götüreceğim"(1998), "Erka kıyık", "Halkımı bırakma"(2000), "Seçim" (2001-2004), "Ben" kitapları Harikayım, ülkem" başlıklı yazılar basılarak kamuoyuna sunuldu. Muhammed Yusuf'un kitabını rafında bulmayan okuyucu, onun ayetlerinden sevgi ve şefkat hissetmeyen kimse yoktur! O kadar yetenekli bir şairdir ki, her şiirinde halkın sevinçlerini, üzüntülerini, hayallerini, özlemlerini yüceltmiştir. Şairin bu güzel mısralarını okumayan tek bir Özbek çocuğu yoktur herhalde. Muhammed Yusuf'un sanatçılar dünyasına büyük başarılar kazandırdığını, ölümsüz satırlar yazdığını söylemek abartı olmaz. Muhammed Yusuf'a milletimize yaptığı özverili hizmetlerden dolayı: 1996 "Dostluk" Düzeni; 1998 yılında kendisine "Özbekistan Halk Şairi" fahri unvanı verildi. Muhammed Yusuf şiirinde basit sözcükler kullansa da içeriğinin özünü oldukça zengin ve derin bir şekilde anlatmıştır: benden geriye ne kaldı İki satırlık bir şiir İki sandık kitap Bir yığın kir İnsanlar arkamdan ne söylerse söylesin Seni kendimden daha çok düşünüyorum Lola, lola'm, Lola kızım! Halk şairi Muhammed Yusuf 30 Temmuz 2001'de vefat etti. Ölse de insanların gönlünde sonsuza kadar yaşayacak, Muhammed Yusuf halkın kalbidir! Şairin eseri uyanışı çağıran şiirdir. Aşk, dostluk, ayrılık, acı gibi sadece kişisel deneyimlerden oluşan bir şiir değildir. Okuyucuyu sosyal hayatta aktif yaşamaya, uyanık olmaya davet eden şiir. Bir şiirinde şöyle dizeler vardır: Uykudan dilim tutuluyor, sana bir sır veriyorum. Tanrı Pallas'ta uyur. Uyku da Bir millete verilen bir can, Uykunuz arttıkça borcunuz da artar...

Hayatın her anı ölçülür, uykunun bile bir bedeli vardır. Bunu anlayan okuyucu, hayatını özetler ve şaire minnettar olur.

Muhammed Yusuf'un eseri evrensel insani değerleri öven bir şiirdir. Şiirlerinde insanlıkla bağlantılar, güzel vasıflar, bütün faziletler en üst seviyede zikredilir. Mansur bir şiirinde şöyle der: "İnsanın küllerinin konduğu her yer kıymetlidir, kutsaldır. Öyle ise insanlar kabir toprağını gözlerine sürsünler. Bundan kim zarar görüyor. Burada din, inanç, mezhep, ırk, milliyet, renk ne olursa olsun kişinin kutsallığı ve küllerinin atıldığı toprağın kutsallığı kutlanıyor. Şair, şiiri ve dili atalardan kalan ve nesillere aktarılması gereken kutsal bir miras olarak görmektedir.

Muhammed Yusuf'u öğretmenin amacı sadece bir şairin hayatını ve eserlerini öğretmek olmamalıdır. En azından Muhammed Yusuf gibi "iddia etmeden" Vatanı sevmeyi öğretmekten, Muhammed Yusuf gibi gerd bulaşmadan ana dilimize saygı duymayı öğretmekten, eşsiz milli değerlerimizi anlamayı öğretmekten ibaret olduğunu başarmalıyız. Onun gibi.

TARTIŞMA VE SONUÇLAR:

Kavram, mevcut dilsel ifade ve etno-kültürel kimlik tarafimdan belirlenen kolektif bir bilgi, bir bilinç birliğidir (en yüksek manevr değerler). İçinde yapı üç bölüme ayrılmıştır: kavarin kavramsal, karakterize edici ve tanımlayıcı yapısı; mecazi, pekiştirici bilişsel kavramı, dil bilincini destekleyen metaforlar; Anlamlı, ismin konumuna göre belirlenir. Bütün millet olarak anlayış, kültür ve bilim anlayışının durumu. Yani insanların zihniyeti en önemlisidir, dilin kültürel kavramları önemlidir.

Lingvoconcept'te "anne" kültürel kavraminin "aile", "Anavatan" gibi yapıcı bir yer işgal etmesi, mitoloji ve diğer alanlardaki araştırmacıların dikkatini çekmiştir.

Mecazi mantıkta "Anne" kavramı, "Kadın" ve "Ebeveyn" kavramlarının kesişimi olarak sunulur: Anne aynı zamanda hem kadın hem de ebeveyndir. Ve bu noktada Y.S. Stepanov'un "kavram" tanımına değinmek yerinde olacaktır: "Kavram" güya insan zihnindeki bir kültür pıhtısıdır; hangi biçimde insanın manevi dünyasına girer. Öte yandan kavram, kişinin kendisinin kültüre girmesi ve bazı durumlarda onu etkilemesidir.

Yu.S. Stepanov tarafından önerilen kavramın kültürel-zihinsel-dilsel bir birim olarak tanımlanması, dil alanındaki kavramlara atıfta bulunmaktadır.

Dolayısıyla kavram "bilince, kültüre ait olduğu ve dilde nesneleştiği için kültür, bilinç ve dil alanındaki bilimsel araştırmaları birbirine bağlamayı amaçlayan bir birimdir".

Muhammed Yusuf'un şiirinin ana teması ve merkezi elbette ki Anne sevgisidir. Sanatçı bunda insani duyguları ve bu duyguların ana etkeni olan Anneye duyduğu sınırsız sevgi ve saygıyı yüceltmektedir. Mesela şairin Anne konulu şiirleri her yaştan insanın yüreğini sarsacaktır. Şiirlerde yaşananlar her insanın sevinçleri ve üzüntüleriyle yakından ilgilidir. Bazen sözler düşüncelerle dolar, bazen de gerçek manevi doyum ve neşe verir.

Akşam sabah seni düşünüyorum anne, seni özlesem de gidemiyorum.

Kimseye kalbimi kıramam.

Dediğin gibi herkesi sevdim, herkese güvendim, sonuç şu: Aşkım arkadaşımın evine gömüldü,
Nefret günlerce göğsümü yaktı. ("Anneme bir mektup").

Muhammed Yusuf'un pek çok şiiri şarkılarla halkımızın

gönlüne girdi.

Muhammed Yusuf'un ilk bakışta hafif ve şakacı gibi görünen, dilsel kavramları ve dilsel şiirsel imgeleri yansıtan şiirlerinde, acı dolu deneyimler, tatlı acılar ve acı merhemler, çimenli duygular ve titreyen heyecanlarla dolu bir dünya somutlaşıyor:

Ne olduğu gökyüzüne açık, Yıldızlar gülüyor gökten:

Uzaklardayım mavi çayırda,

Ben ininden ayrılmış bir köleyim...

İşte yürüyorum, gözlerim taş yolda, Adiplarim arabaların yollarıyla aynı hizada.

Ağladığımda kendimi teselli ediyorum, kısrak gibi tükürüyorum. ("Anneme bir mektup").

Şairin şiirlerinde dilsel "Anne" kavramı ve dilbilimsel imgeler son derece renklidir. Bunların arasında Anne imgesi en çarpıcı ve en parlak olanıdır.

Ve sabah akşam seni düşünüyorum

Anne, seni özlesem bile gidemem.

Geceleri böyle bir şehirde ışıklar var

Kimseye kalbimi kıramam...

Evet, aşk hakkında. Kalbe tatlı gelen şey,

Üzülme ne olursa olsun benim mutluluğum için umarım hep sağlıklı olursun.

Kayıp oğlunuz Muhammed Yusuf. ("Anneme bir mektup").

Şairin en güzel şiirleri arasında yer alan "Anneme",

"Anneme", "Anneme Mektup", "Annemden Mektup", annesine zamanında gösteremediği sevgiyi anlatan şiirleridir. Pişmanlıkları ve özlemleri o kadar içten anlatılıyor ki okuyan kişi etkilenmekle kalmıyor, kendine de bir ders alıyor. Şair Muhammed Yusuf'un annesi için yazdığı şiir aynı zamanda gerçek hayat gerçeklerini de içermektedir. Bir annenin evladını beklemesi, yüreğinin bir parçası için duyduğu endişe ancak kelimelerle ifade ediliyordu. Anne tek kişidir. Anne bir tanedir. Muhtemelen dünyada anne gibi büyük ve basit bir cins yoktur. Kadın kalbinin en sevgi dolu olanı anne kalbidir. Kaç şair bu konuda şiir yazmıştır.

Muhammed Yusuf'un Anne ile ilgili şiirlerinde yer alan imgeler, tıpkı insan kalbi imgesi gibi inandırıcı ve etkileyici bir güce sahiptir:

Ah peşimden koşan annem, Bir parça yüreği ve bin rüşveti olan annem.

Aydınlık dünyada, her balonu görerek,

Toshkan'ı görmeyen zavallı annem,

Çocukken başladım

Şimdi senin oğlun mu oldum!.. ("Anneme").

Çocuk doğuran kadın ondan hiçbir şey beklemez; ondan sadece bir mektup veya bir telefon bekler. Bedende olmasa da içeride olsa da şairin dediği gibi şu sözlere vurgu yapıyor: Eskimiş bir çatı gibiyim, Gozlarimdan yağmurlar akıyor.

Bu dünyada ışık var mı bilmiyorum

Oğlumun yolunu beklemek benim gibi ("Annemden mektup").

Şairin bu cümleleri kendi kendine söylediği anlaşılıyor ama daha dikkatli bakarsanız ebeveynlerinden uzakta olan tüm çocuklara bir hatırlatma olduğunu anlayabilirsiniz. Çünkü bazen çocukların üç dört kelimeyle anne babalarına nasıl olduklarını sormaya bile vakitleri olmuyor ve anneleri de hep çocuklarını bekliyor. Muhammed Yusuf'un eserinin benzersiz özelliklerinden biri de şiirlerinin genel olarak bir şairin, bir yazarın – bir yaratıcının düşünce ve duygularını ifade etmesidir. O, tüm potansiyelini ifade etme fırsatına sahip olan, Tanrı'nın vermiş olduğu bir yetenektir. Yani ancak kalbindeki duygu ve tecrübeleri hiçbir zorlanma olmadan ifade edebilen kişi gerçek yaratıcı sayılır.

Halkımızın saygı duyduğu şair Muhammed Yusuf'un şiirlerinde incelik, güzellik, hassasiyet ve tuhaf oranlar görüyoruz. Sonuçta şairin kalemi, kalbiyle ahenk içinde olan bir yaratıcıdır. Ne yazmışsa gönülden yazmış, gereksiz imalara yer vermeden dile getirmiş. Bu nedenle şiirlerinin nüfuz etmedagi, şiirlerini dinlemediği hiçbir ev yoktur. Muhammed Yusuf'un şiirlerinde yaşanmışlık, düşünce ve duygular birbirine karışıp bir arada yaşanır. Üstelik o kadar iç içe geçmişler ki, onları birbirinden ayırmak imkansız hale geliyor...

Bu ayrılmaz birlik dilbilimsel deneyimin özüdür. Ancak mükemmel lirik deneyimin ortaya çıkması için başka bir şey daha gerekiyor. Şairin şiirlerinde doğrudan deneyim biçiminde verilen tutkulu bir düşüncenin (veya entelektüel tutkunun) oluşma ve gelişme yöntemini takip edebiliriz. Bu durumda "ben" ifadesinde deneyim – görüntü bir bütün olarak etkileyici bir şekilde ortaya çıkıyor. Bunu haklı çıkarmak için Muhammed Yusuf'un "Beşinci Oğul" şiirinde dil kavramını görebiliriz. Bu şiirde annesinden ayrılan bir çocuğun görüntüsü anlatılmaktadır. Oğul annesinden ayrılıyor. Onu tüm varlığıyla özlüyor. Özlem temadır. Özlem, şiirin önde gelen lirik deneyimidir. Çocuğun imajı bunun aracılığıyla ortaya çıkarılmalıdır. Ancak şiirde annesini özleyen oğlunu bir bütün olarak göremiyoruz. Bir annenin eksikliği sonsuza kadar sürmez. Gözümüzün önünde oluşur, geri dönüşü olmayan hayati bir süreç olarak gelişir. Bunu gözlemleyeceğiz. Bu yüzden inanıyoruz. Deresinde hasret çeken bir çocuğun resmini görüyoruz. Bu görüntü daha da netleşiyor ve sonsuza kadar kalplerimizde kalıyor:

> Yetmiş yıldız yağıyor
>
> Yarım ay ödenmiyor, 7 yenisi toplanıyor,
>
> Tek bir anne olamaz. Anne kapıya kadar yaşıyor
>
> Ghurbat yaklaşamaz.
>
> Yüreğim kan dolu, perişanım, Anne...

Bu şiirde yazar, içsel deneyimlerin yükünü taşıyan oğlunun kalbinin anneyi ezdiğini göstermektedir. Bu fikir anneyi de dahil ederek başka bir yöne doğru gidiyor gibi görünüyor:

> Genç olmamıza rağmen mağaradaydık,
>
> Varsın, biz de harikaydık, Beş çocuk bir kuru üzümü eşit paylaştı.
>
> Bazen kavga ettiğimizde annem doğruyu söylesin derdik. Rüya şimdi o zaman mı acaba, anne...

Anneye olan hasret ve özlemin dışında, oğulda başka bir duygunun daha olduğunu, bir şeyler istediğini, bu arzunun bir rüya olduğunu hissetmeye başlarız. Şair, bize bunun bir anlam ifade ettiğini göstermek için olaydan uzaklaşır ve lirik kahramanın durduğu yerden geri döner. Bu geri dönüş, çocuğun gençliğini ve masumiyetini akla getiriyor. Baban sağsa senin gücün dağa yeter.

> Annen ölürse bu senin kafan olur
>
> Güneş gidince çılgın acılarım dağ gibi çöker.
>
> Göğsüm bin hayallerle dolu, doluyum anne.

Şair bizi öyle bir duruma sokar ki, sanki lirik kahramanla birlikte acımasız çölde acı çekiyormuşuz gibi hissederiz. En yakın insanları bile birbirine iyi davranmaya davet eden, onlara bu sevginin ışığını veren tek annenin o olduğunu kabul ediyoruz. Şair, mısralarında annelerin çocuklara olan eşit sevgisinden dolayı ayrılmalarına benzetmiştir, ancak ölümden sonra ev karanlık bir geceye dönüşür. Ve karanlık gece acı vericidir. Acı çekmek duyuları harekete geçirir. Çalkantılı duyguların olduğu sabahlar uğursuzdur. Evde çılgına dönen çocuk, "Meleksiz yaşayacağım" diyerek durumunu dile getiriyor.

Kalp kısıtlanır,

Nazik bir komşu. Dünyadaki bir kişiye

Eğer bana sırrını söylersen.

Annesi olmayan insan hem dostları hem de düşmanları tarafından aldatılır.

Bana kim olduğumu söyle

İnanıyorum, anne?

Evet, artık şairin söylemek istediği bir şeyi bulmuş gibiyiz. Bu "bir şey", yani kardeşler ve arkadaşlar arasındaki sevgidir.

Yani oğul sadece annenin değil aynı zamanda yakın insanların sevgisini de arıyor. Lirik kahraman, tüm annelerde ortak olan olağan durumdan yola çıkarak bir annenin çocuğuna olan sevgisini ifade eder. Tamamen karanlıkta kaldığını, kimseden böyle bir sevgi bulamadığını hissederek kendisini, ışığı arayan "işkence görmüş bir pervaneye" benzetir. Hasretle yanan yetim bir çocuğun ağıtıydı elbette. Özlem ve özlemin ne kadar sonsuz ve muhteşem bir atmosfer olduğunu hissederken, lirik kahramanın geniş dünyaya sığmayan dar bir beşik sakladığını görüyoruz.

Muhtemelen annesini övmeyen ve onun hakkında şarkı söylemeyen bir sanatçı yoktur. Çünkü sanatçı için doğup büyüdüğü yer olan Anavatan'ı annesine benzeterek şarkı söylemekten daha hoş ve onurlu bir mutluluk olamaz. Anne teması üzerine yazılan eserlerin özü aynı olsa da hiçbiri birbirine benzememektedir. Burada Muhammed Yusuf'un eserinde ana mekanlarda yer alan anadil kavramı konulu şiirler kendine özgü bir tonda ve tekrarı olmayan mısralarla yazılmıştır. Yukarıda da belirttiğimiz gibi şairin annesiyle ilgili şiirleri çoğu zaman sevgiyi ve hasreti yansıtır. Örneğin,

"Anne" şiirinde:

Utanmadan Anne diye seslendim

Gelmemi bekle!..

Özlem ile ilgili şiirler

Kendim yazdım

Alnında benden

Noktalar sistemiktir.

Bir oğlun olmadan öl, attang, bin attang.

Bir kız doğursan ne güzel olurdu, daha çok kız doğursan!..

Bir sütun olamadım

Küçük bir kız çocuğu,

Utanmadan şair olduğumu söyleyeyim.

Nitekim şairin şiirinde anne özlemi ve sevgisinden daha büyük bir sevinç yoktur. Anavatan, bağrında yaşayan halkının başarılarına, mutlu günlerine bir anne gibi sevinmektedir. Yolları çiçektir; ot eker. Bir kız kardeş gibi, çaresizlik anlarında yol arkadaşıdır. Şairin sıradan yaşam olaylarından yola çıkarak derin bir felsefi gözlemle harika benzetmeler ve mısralar oluşturduğu görülmektedir.

Gerçek bir koca, annesini ve kız kardeşini korumalı, onlara dağ gibi destek olmalıdır. Bir kız kardeş gibi bir anne de oğlunun korunmasına ve desteğine bir dağ gibi güvenir. Şairin bu kavramları derinlemesine anlaması ve anneyi kız kardeşine benzetmesi şaşırtıcı değildir.

Hayal kırıklığına uğrarsam ne bülbül ne de çiçek olurum

Eğer kalırsam, bir gün sonunda konuşacağım...

Birisi içtenlikle ağlıyorsa –

Annem ağlıyor, annem ağlıyor, annem...

Eğer uyum sağlayamazsam bu dünya çok geniş

Cennete giden bir ruhum olsa

Cansız bedenimde bir kelebek...

Annem ağlıyor, annem ağlıyor, annem...

ÇÖZÜM

Şairin şiirlerini incelediğimizde her şiirinde hayata susuzluğu, derin düşünmeyi, samimi duyguları görüyoruz. Özellikle anne konulu şiirlerinde şair, anneyi yazarken sadece onu anlatıp tasvir etmemektedir. Belki de sonsuz sevginin güçlü sıcaklığı, her okuyucunun kalbine nüfuz eden özgünlük yaratır. Unutulmamalıdır ki şairin şiiri sadece güzel sözlerden oluşan bir kompleks değildir; şairin şiirini çekici kılan ve şairin samimi yüreğinde taşan vatanseverlik, yurtseverlik, tiranlık duygularını yansıtmaktadır. Bütün bu duygular Muhammed Yusuf'un eserlerinin özgünlüğünü ve etkileyiciliğini oluşturmaktadır.

REFERANS LİSTESİ

1. https://tafakkur.net/muhammad-yusuf Hakkında

2. Marufjon Yuldoshev. Muhammed Yusuf'u Anlamak 07.07.2020.

3. Muhammed Yusuf. Seçilme. T.: 2005.

4. www.ziyo.uz.

5. Stepanov Yu. S. Konstanty: Slovar russkoy kültürü: 3-e izd. – M.: Akademik proje, 2004, s. 42-67.

6. Demyankov V. Z. "Kavram" terimi terminolojik kültürün bir unsurudur. – M.: Nauka, 1975

7. Askoldov S.A. Konsept ve slovo // Russkaya slovesnost. Bu teoriler doku yapılarına göre değişir. Antoloji. – M.: Academia, 1997. – S. 267-280

8. Dzyuba E. V. Konsept v russkoy lingvokulture: Fonografi. Ural. Gos. Ped. Un-t. – Ekaterinburg, 2011. – 224 s.

9. Vorkachev S.G. Sopostavitelnaya ethnosemantika telenomnykh konseptov

"lyubov" ve "schaste" (Rusça-İngilizce paralel). -Volgograd: Peremena, 2003. -164p

10. Kubryakova E.S. Konsept // Bilişsel terimlerin kısa sözlüğü. – M., Izd-vo Mosk. Un-ta, 1997. -S 90-93

11. Zubareva G.S. Konsept kak osnova zyzykovoy kartiny mira. Vestnik MGOU. "Dilbilim" Serisi. 2011. Sayı 3. S.46-51.

12. Karapetyan E.A. Konceptualnaya lexika russkoi pesennoy lirik 19. – 20. Yüzyılın sonları. Monografi. – M .: MGOU, 2012. – 172 s.

13. Yusuf M. Seçimi. – Taşkent: Sharq, 2005. – S. 273

14. Boltayev F. Şairin çağdaşlarının anısından. – Taşkent, 2004. – S. 192.

15. Yusuf M. Mutlu olacağız. – Taşkent: Nihal. 2008. – B.200.

12. Boltaboyev H. Kelimelerin büyüsü. – Taşkent, 2006. – S. 98.

13. Boboyorov U., Kholsaidov F. Literatür. – Taşkent: Ilm zia, 2000. – S. 218 s.

14. Yusuf M. Seçimi. – Taşkent: Sharq, 2005. – S. 275.

Celoldinov'un oğlu Muhammedsayid Sardorbek, 15 Şubat 2005'te Andican bölgesinin Andican ilçesinde doğdu. Özbekçe, Almanca ve İngilizce bilmektedir. 28. Genel ortaokulu derece ve madalya ile bitirdi. 2023 yılında Andican bölgesindeki okuldan bu yıl mezun oldu. Andican Devlet Yabancı Diller Enstitüsü, Roman-Germen ve Slav Dilleri Fakültesi öğrencisi oldu. 18 yaşında yani ilk yıldan itibaren yazı yazmaya başladı. İlk makalemiz "Özbekçe ve Almancada Aksan Kullanımı"dır. Bugüne kadar uluslararası bilimsel konferanslara çok sayıda bilimsel ve gazetecilik makalesi katılmıştır. Şu anda Almanca olarak B1 Ulusal (Çok Düzeyli) ve uluslararası Onset B1 sertifikaları bulunmaktadır. Ayrıca Bağımsız Devletler Topluluğu (CIS) ölçeğinde düzenlenen uluslararası bilimsel ve uygulamalı sınav yarışmasında "En iyi hizmetler için" hatıra madalyasıyla ödüllendirildi.

ALMANYA'DA EĞİTİM SİSTEMİ

Andican Devlet Yabancı Diller Enstitüsü Romano-Germen ve Slav dilleri Fakültesi Almanca dil kursu öğrencisi, grup 101 öğrencisi Jaloldinov Muhammedsayid Sardorbek'in oğlu Alman topraklarındaki ilk okullar, öğretilen ana konunun adını taşıyan ortaçağ Latin okullarıydı. Orta Çağ'ın ikinci yarısında Almanca konuşulan ilk okullar açıldı. Kilise okullarının aksine, belediye okullarının masrafları vatandaşlar ve belediye yetkilileri tarafından karşılanıyordu. Ancak oradaki öğretmenlerin maaşları vergi gelirlerine bağlıydı. Bu nedenle, mali açıdan zayıf bölgelerde veya Şehirlerde yalnızca ortak okullara izin verilmektedir. Humboldt'un 19. Yüzyılın başlarındaki eğitim reformalarim, özellikle eğitim teorisiyle, Yüzyıl Prusya Almancası grameri üzerinde kalıcı bir etki yarattı. Prusya'da 1810'da zorunlu eğitim başlatıldı, bu okullar tamamen ücretsiz değildi, bu nedenle ödeme yapan kişi başına kabul edilecek ücretsiz öğrenci sayısı daha sonra belirlendi. Okullar genellikle tek odalıydı. Okullar cemaate ait olduğundan bunlara "cemaat okulları" adı verildi. 19. Yüzyılın sonlarında Alman İmparatorluğu'nun birleşmesiyle, dünya ticaretinin getirdiği modern eğitim talepleri ve yeni teknik gelişmelerle birlikte Wilhelm von Humboldt, klasik eğitimin ideallerini bilime taşıdı. 1924 yılında Alman Reich'ının anayasasıyla devlet okullarına "Volksschule" adı verildi.

1960'lı yıllara kadar ilkokul sekiz yıl sürüyordu. Özel okula ek olarak, Federal Almanya Cumhuriyeti'nde üç seviyeli bir okul sistemi vardır: ilkokul, ortaokul ve üç okulu içeren spor salonu. Çoğu federal eyalette ilkokul dört yıldan oluşur ve bundan sonra farklı okul türlerine bölünme başlar. Berlin'de (Batı) altı kohort vardı. 1970'lerden bu yana, çeşitli federal eyaletlerde başka okul türleri de eklenmiştir: kapsamlı okul, genel ortaokul ve Realschule'yi birleştiren diğer kısmen entegre sistemler. Aşağı Saksonya'da oryantasyon düzeyleri 1981'den 2004'e kadar 5-6 yıl boyunca genel okul türü olarak mevcuttu, ancak o zaman bölünme başladı. Meslek yüksekokulları spor salonunun üst kademesi ile aynı statüyü kazanmıştır.

1980'li yıllardan bu yana mesleki ve genel eğitimin eşitliği konusunda tartışmalar yaşanıyor. Bu fikir meslek okulları tarafından dikkate alındı. Meslek okullarının kurulması ve meslek yüksekokullarına (NRW) dönüştürülmesiyle, bu denkliğin ilk kez okul seviyeleri şeklinde belgelenmesine yönelik bir adım atıldı: Meslek yüksekokulları hem genel yükseköğretime giriş yeterliliklerini sağlıyor hem de kendi bünyesinde çalışabiliyor. Mesleki alanlarına göre yön verirler.

Almanya dünya bilim ve kültürünün merkezlerinden biridir. Bu ülke asırlık bilim okulları, Goethe, Hegel, Beethoven, Nietzsche, Einstein gibi bilim adamları ve sanatçılarıyla dünyaca ünlüdür. Uluslararası alanda tanınan Alman eğitim kurumları, bağımsız düşüncenin ve geniş bakış açısının oluşmasına özel önem vermektedir. Son bilgi teknolojilerini etkin bir şekilde kullanmayanların eğitim sistemine uygulanan yeni yöntemler oldukça zordur. Kalkınma hedefine doğru hızla ilerleyen bir toplumda bilgi olmadan yer edinmek mümkün değildir. Bu arada Almanların demir disiplin ve monotonluk özellikleri eğitim kurumlarında da oluşuyor.

Almanya'da okul öncesi eğitim kurumları devlet sisteminin bir parçası değildir. Anaokulu hayırsever fonların, yerel yönetimin ve kilisenin himayesi altında faaliyet göstermektedir. Aynı zamanda işletmeler ve kuruluşlar kendi anaokullarına sahip olabilirler. Okul öncesi eğitim sistemi 3-6 yaş arası çocukları kapsamaktadır. Anaokulları, henüz düşüncelerini ifade etmeyi öğrenmemiş çocukların akranları ve yetişkinlerle iletişim kurma becerilerinin geliştirilmesinde ve onları ilköğretime hazırlamada önemli bir rol oynamaktadır. Almanların anaokullarını "düşünme atölyeleri" olarak adlandırmasının nedeni budur.

Federal eyaletlerde okul sistemi kendi okul kanunlarıyla tanımlanır. Federal eyaletlerin eğitim faaliyetlerini koordine etmek için Eğitim Bakanları Konferansı (1949) ve Federal Eyalet Komisyonu (1970) kuruldu. Almanya'da eğitim zorunludur (öğrencilerin kamuya ait veya resmi olarak tanınan bir okula gitmesi gerekir)

Alman Anayasasına göre okul eğitimi devletin kontrolü altındadır. Ülkede her birinin kendi eğitim kanunu olan 16 federal bölgesi bulunmaktadır. Bu nedenle federal bölgelerin okul eğitim sistemlerinde bazı farklılıklar vardır. Örneğin, çoğu bölgede ilköğretim 4 yıldır (birinci sınıftan dördüncü sınıfa kadar) ve başkent Berlin'de 6 yıldır. Ancak bu farklılıklara rağmen genel prosedürler tüm bölgeler için geçerlidir. Almanya'da okul eğitimi zorunlu ve ücretsizdir. 6 ila 18 yaş arasındaki vatandaşların zorunlu eğitim alması gerekir. Okul eğitim sistemi ilkokul, ortaokul ve daha yüksek seviyelere ayrılmıştır.

Almanya'daki okul sistemi ilk ve orta eğitimi, yani ilkokulları (1-4/6. Sınıflar) ve lise ve ortaokulları içerir. İkincisinde, farklı yetenek seviyelerindeki öğrencilere gruplar halinde (Gesamtschule, 5-12. Sınıflar) veya bireysel olarak (Hauptschule, 5-9. Sınıflar; Realschule, 5-10; Gymnasium, 5-12/13) eğitim verilmektedir. Ayrıca birçok federal eyalette özel türde okullar bulunmaktadır. Diğer birçok ülkenin okul sisteminin aksine, sonuçları ne olursa olsun tüm öğrenciler aynı devlet sınavlarına girerler.

Çocuklar 5-6 yaşlarından itibaren ilkokula gidiyor. İlkokulda eğitim süresi dört yıldan altı yıla kadardır. Okullarda birinci ve ikinci sınıfta öğrencilere not verilmemektedir. Öğretmenler not yerine çocuğun bireysel, psikolojik gelişimine ilişkin rapor hazırlıyor. Öğrenciler 3. Sınıftan itibaren notlandırılmaktadır. Almanya'da 6 puanlık not sistemi benimsenmiştir. Buna göre,

1 – mükemmel;

2 – iyi;

3 – tatmin edici;

4 – yeterli;

5 – yetersiz;

6 – yetersiz.

Öğrenciler en az "4" derste uzmanlaşmalıdır. İlköğretim düzeyinde çocuklara matematik, Almanca, fen bilimleri, müzik ve estetik öğretilir. Alman eğitim sisteminin bir özelliği de öğrencilerin ilkokulu bitirir bitirmez gelecekteki yollarına karar vermeleri gerektiğidir. Buna dayanarak çeşitli okul türlerinden birinde okumaya devam ediyor.

Ana okul. Çocuklar dokuzuncu sınıfa kadar burada eğitim görüyor. Yükseköğretim kurumlarında okumayı düşünmeyen ancak belli bir mesleği icra etmeyi düşünen öğrenciler temel okullarda eğitim alırlar. Bu tür okullarda temel bilgiler verilmekte ve uygulamalı eğitime ağırlık verilmektedir. Temel eğitimi tamamlayan gençler, tamamlanmamış ortaöğretim sertifikası alırlar. Bu belge ile meslek yüksekokullarına giriş yapılabilir. Meslek yüksekokullarımıza benzeyen bu okullarda öğrenciler belirli bir meslekte bilgi ve deneyim kazanmaktadır.

Gerçek okul. Bu tür okullara matematik ve doğa bilimlerine yatkın olan ve gelecekte yüksek eğitimli uzman olmayı amaçlayan çocuklar katılmaktadır. 5. Sınıftan 10. Sınıfa kadar eğitim alın. Bu dönemde gençlere bilimin çeşitli alanlarında ileri düzeyde bilgiler verilecek. Gerçek okuldan mezun olan gençler eğitimlerine spor salonunda devam etmektedir.

Spor salonu. Ortaöğretimin en önemli halkası olan bu bilgi

mekânında öğrenciler 5. Sınıftan 13. Sınıfa kadar dokuz yıl boyunca eğitim görüyor. Gerçek okulun 10. Sınıfını tamamlayan gençler, üç yıl boyunca spor salonunda eğitim görüyor. Bu eğitim kurumunda beşeri bilimler, doğa bilimleri ve yabancı diller derinlemesine öğretilmektedir. On birinci sınıftan itibaren öğrenciler seçtikleri yöne bağlı olarak zamanlarının çoğunu çeşitli konuları derinlemesine inceleyerek geçirirler. Gymnasium, yüksek öğrenime hazırlık için çok önemli bir aşamadır. Sonuçta, spor salonunu bitirme ayrıcalıklı sertifikası üniversiteye sınavsız girme hakkı veriyor. Ancak tercihli sertifika almak kolay değil. Bu belge öğrenciye verilirken on üç yıllık sonuçları ve dört dersteki final sınav notları dikkate alınır. Almanya'da bir yüksek öğretim kurumuna girebilmek için kişinin on üç yıl boyunca iyi sonuçlarla eğitim görmesi gerekiyor. Ancak o zaman üniversiteye giden yollar açılacak.

Almanya'da devlet okullarının yanı sıra özel eğitim kurumları da bulunmaktadır. Özel okullar ortaöğretim kurumlarının yüzde 2'sini oluşturmaktadır. Müfredatı geleneksel okullardan farklı olan özel okullar Federal Eğitim ve Kültür Bakanlığı tarafından denetlenmektedir. Özel okullarda sanayi, dil, kozmetik, jimnastik, ev ekonomisi gibi uzmanlık alanlarında eğitim verilmektedir. Kamuya ait olmayan eğitim kurumları birbirlerine destek olmak amacıyla özel okullar birliğine katılmıştır. Ayrıca engelli ve zihinsel engelli çocuklara yönelik özel okullar açıldı. Yabancı vatandaşlar da Alman okullarında eğitim görebilir. Yabancıların yerel koşullara uyum sağlamaları ve Almanca diline hakim olmaları için hazırlık kursları düzenlenmektedir.

Alman pedagoglar yeteneksiz öğrenci olmadığına inanıyor. Bu doğrultuda öğrencinin keşfedilmemiş yönlerini keşfetmeye, onları yenilik ve buluş ruhuyla yetiştirmeye çalışırlar. "Düşünürsem yaşarım!" Ünlü filozof René Descartes diyor. Alman okullarında bu atasözü altın kural olarak kabul edilmektedir. Eğitimciler her şeyden önce hatalı da olsa öğrencinin bağımsız görüşünü almayı hedefler. Ve eğitim süreci ebeveynler ve öğretmenler arasındaki uyumlu işbirliğine dayanır.

Almanya, diğer tüm Avrupa ülkelerinden daha fazla ücretsiz yüksek öğrenime sahiptir. Yabancılar ayrıca devlet dışı fonlar ve devlet hibeleri temelinde Alman üniversitelerinde eğitim görebilirler. Yukarıda da belirttiğimiz gibi yerel spor salonlarından mezun olup şeref belgesi alan gençler üniversitelere sınavsız girmektedir. Yabancılar üniversiteye girebilmek için Almanca dil sınavına girmektedir.

Üniversitelerde lisans derecesi dört buçuk yıla kadar, yüksek lisans derecesi bir yıldan dört yıla kadar, doktora derecesi ise iki yıldan beş yıla kadar sürmektedir. Genellikle lisans ve yüksek lisans öğrencileri eğitimlerinin sonunda bir devlet sınavına girerler ve bir tez savunurlar. Öğrenci öğrenim görmek için kış veya yaz akademik dönemini seçme hakkına sahiptir.

Yaz sezonu Nisan-Eylül, kış sezonu ise Ekim-Mart aylarıdır. Almanya, Heidelberg, Köln, Freiburg, Tübingen gibi kadim üniversitelere ev sahipliği yapıyor. 1386 yılında kurulan Heidelberg Üniversitesi, eski kıtanın en prestijli yüksek öğretim kurumları listesinde yer almaktadır. Bu üniversiteye gerek Orta Çağ'daki Avrupalı soyluların hayaliydi. Almanya'nın güzel şehri Heidelberg'de bulunan bu üniversitenin prestiji hala yüksektir. Hegel ve Jaspers gibi dünyaca ünlü bilim adamlarının yanı sıra on kadar Nobel Ödülü sahibi de burada yetişti. Üniversite hukuk, biyoloji, kimya ve tıp alanlarında güçlü personel yetiştirmektedir. Burada eğitim gören 25.000 öğrencinin %12'si yabancıdır. Münih'teki Ludwig-Maximilians-Universität, Avrupa'ya tıp alanında en iyi uzmanları sunmaktadır.

Beş asırlık geçmişi olan eğitim kurumunda şu anda 45.000

öğrenci eğitim görüyor. Meslek yüksekokulları veya enstitüleri, Alman eğitim sisteminin eşsiz bir halkası olarak mühendisler, ekonomistler, tasarımcılar, makine mühendisliği, üretim, bilgi teknolojileri ve sağlık alanlarında uzmanlar yetiştirmektedir. Verilere göre Almanya'da 370'den fazla yükseköğretim kurumunda 246 bini yabancı olmak üzere yaklaşık 2 milyon öğrenci eğitim görüyor. Almanya, yabancı öğrenci sayısında ABD ve İngiltere'den sonra dünyada ikinci sırada yer alıyor.

Almanya'da eğitim birçok nedenden dolayı oldukça zorludur. Bu temelde Avrupa Birliği'nin en eski kurumlarında giriş sınavları olmadan temel bir yüksek öğrenim alma fırsatıdır. Almanca eğitimi, eğitim diliniz olarak İngilizce ve Almanca arasında seçim yapmanızı sağlar. Almanya'da okumak öğrencilere cep harçlıklarından ekstra para kazanma fırsatı vermekte, bunun sonucunda yabancı öğrenciler mezun olduktan sonra hızlı bir şekilde iş bulma fırsatına sahip olmaktadır. Alman üniversitelerinden alınan diplomalar, Avrupa ve Amerika'daki işverenler arasında oldukça rekabetçidir. Almanya'daki devlet üniversitelerinde eğitim ücretsizdir, bir dönem boyunca küçük bir öğrenci ücreti (600 Euro'ya kadar) ödemeniz gerekir.

Ücretsiz eğitim programları sunan devlet üniversitelerinde çalışmalar genellikle Almanca yapılmaktadır. Üniversiteye girebilmek için yabancı bir öğrencinin en az Test DaF-Niveaustufe 3 Almanca dil sınavına sahip olması gerekir. DSH-Prüfung Almanca dil sınavını yapan üniversiteler bulunmaktadır. Şunu bilmek çok önemlidir: Almanya'da ortaöğretimi tamamlamış bir sertifika almak için yapılan çalışma 12-13 yıl sürer, yani Özbek bir öğrencinin Özbekistan'da veya Almanya'da 1 yıl eğitim görmesi gerekir. Öğrencikolleg adlı enstitü.

Almanya'da eğitim bağımsız ve devlet kurumlarında yapılabilmektedir. Bağımsız üniversiteler, öncelikle içlerindeki eğitimin yalnızca Almanca olarak yapılmaması ile ayırt edilir. Ayrıca uzmanlık alanlarındaki rekabet çok düşüktür.

Almanya'da eğitim en iyi teknik uzmanlık alanlarında gerçekleştirilir: mühendisler, inşaatçılar, elektrik mühendisleri vb. Bu tür bölümler, ünlü Alman turumlarining geleneksel öğretim geleneklerini takip etmektedir ve güçlü bir öğretim kadrosuna sahiptir. Birçok Alman üniversitesi, diğer ülkelerden başvuranların eğitimlerine kendi ülkelerinde başlayıp Almanya'da aynı meslekte bitirmelerine olanak tanıyan Blona kredi kredilendirme sistemini kullanıyor.

Kabul dil sınavlarına dayanmaktadır, ancak Almanca dil yeterliliği gereklilikleri çok katı değildir. Diğer ülkelerden tam zamanlı veya yarı zamanlı eğitimin birinci yılını kendi ülkesinde tamamlamış olanların yanı sıra liseden madalya ile mezun olanların başvuruları kabul edilmektedir. Bu programlarda Almanca eğitimi iki yarıyıldan oluşan bir akademik yıl sürmektedir. Öğrenimlerini başarıyla tamamlayan ve final sınavlarını geçen öğrenciler otomatik olarak Almanya'da öğrenim görmek üzere kaydolurlar.

Firdavskhan Yorqinjan'ın kızı Jumanboyeva, 30 Eylül 2005'te Özbekistan Cumhuriyeti'nin Farhana bölgesinde doğdu. Özbek Dili Pedagoji Enstitüsü öğrencisi oldu. İlk yılında birçok yarışmaya katıldı (Kompozisyon Yarışması'nda) birinci oldu. Hindistan Sertifikası ile ödüllendirilen Yeni Delhi (Isajon Sultan'ın "Tasgkelinchak" hikayesinde folklorizmin rolü) gerçekleştirildi.

Şu anda özel bir anaokulunda (birçok öğrenci) öğretmenlik yapmaktadır.

İsimsiz çiçek hastalığı.

Şimdi sekiz baharla karşı karşıya kalan bu kız, karanlıklar tarafından kışa sürüklenmişti. Belki de her şeyin suçlusu oydu. Dünyadaki yaptıklarından dolayı birilerini suçlayabilir miydi?Kaderinin sonundan kaçabilir miydi?Yapmıyorum. Hikayeyi yazarak iki kişiyi kınamak istiyorum. Bu yüzden bu iki kişinin isimleri gizli tutuldu. Çünkü hikayede isimler değil, bundan çıkarılabilecek sonuç önemlidir. Hikayem, tüm acılara katlanan kızın dili.

Üniversiteye gittiğimde çok anlamlıydı, sınıf arkadaşlarım, arkadaşlarım, onlarla bir aile gibiydik. Bir anda hayatım keskin bir dönüş yaptı. Bu dönüş çok hoşuma gitti. Okuldan döndüğümde arabada bir çocuk vardı. Adımı sordu, utanarak isimsiz çiçek dedim, her şey o gün başladı. Toplantılar haftada iki veya üç kez başlıyordu. Bu buluşmalar sıklaştı ve günlük hale geldi. 18 yaşındaki kıza çok hoşuna giden harika hediyeler verdi. Gittikçe ona aşık oldum. Bu bir yüktü. Sanki her şey, hatta kabuklarını döken sonbahar ağacı bile gözüme çok güzel görünüyordu.

Annem, babam ve ağabeyimden muhalefet başladı, herkese karşı çıktık ve düğünümüzü birlikte kutladık.

Düğünümüze bütün arkadaşlarım geldi... Ama damadın arkadaşları çok azdı...

Benim için önemli olmadığı için dikkat etmedim, düğün de oldu.

Ben gelinim. Kader çok çılgın. Sevdiğim kişi ne zaman bu kadar değişti? Şaşırdım.

Her gün aldığım hediyeler yerine kendime tokat attım, ne kadar zor, her şeye katlanmak zorundayım.

Düğünümüzün üzerinden 2 hafta geçti ve kimseden tek bir güzel söz duymadım. Bir gün aniden başım döndü. Ben iyileşene kadar kayınvalidem ve kocam benimle ilgilendiler. O gün, Evime kaçtım ama faydası olmadı. Yap" Ne kadar korkunçtu. Kocam geldi ve götürdü. Kaçmanın cezası olarak Ikki beni kör etti.O gün kocamın düğünde neden az arkadaşı olduğunu anladım. Uyuşturucu bağımlısı arkadaşını ziyaret etmek bile istemediler.

Bunu onlara güpegündüz söylediğimde görümcem siz bizi utandırmaya çalışıyorsunuz diye kavga etti (pişmanlık, ayıp, neden onları utandırıyorum, onların yaptığını kardeşleri yapmış). Yere düştüm.neden oldu bu? Hayatımın 18 yılı gözümün önünden geçti.eğitimimi bitirip iyi bir profesyonel olup evlenemez miydim?O zaman uyuşturucu bağımlısı olmazdım?Ne yaptım? Annemle babama karşı geldiğimde ne yapacağım? Soğuk karın altında yatıyordum ve kapıyı kilitledikleri zaman yüksek sesle bağırdım. Hayır, sesim hiç çıkmadı. Ne yapmalıyım? Üzüntü ne zaman? Hayır pes etmiyorum, kaçtığım yer ağır... Nefesim... Nefesim daralmaya başladı... Gözlerim beyaz karın kucağına kapanmıştı.

Vicdansız koca.

Nefesimi tutsam da etrafımdaki kargaların buz gibi sesini yerde hissedebiliyordum.bu sessizlik kapının gürültülü bir şekilde açılmasıyla bozuldu.bana her şeyimi veren hayat arkadaşım, bana her şeyimi veren annem. Beni görünce ne yapacağını bilemeyen kız kardeşim, onun sert darbesinden düştüğüm için türlü bahaneler düşünmeye başladı.Bağırdığımı duymayan kız kardeşimdi.

Kocam Tòsadan beni omuzlarına sımsıkı kucakladı, ruhum görebiliyordu, beni sevdiği için çok mutluydum (ruhların mutlu olmadığını söyleyenler çok yanılıyor), görüyorlar, hissediyorlar, seviniyorlar, acı çekiyorlar Her şey... Bir ip alıp boynuma bağlamaya başladı, bu nedir? Beni doktora götüreceğini sandım. Donmuş kalbimi eriteceğini düşünerek yanılmışım. Tüm suçu bana atmak istedi. En sevdiğim meyve bahçemizin tepesinde, hiç yaprağı olmayan, beni sıradan bir giysi gibi asmanın gövdesine astı.bu durumu donmuş zemine yatmayı bin kez tercih ederdim.Komşuların gürültüsü, doktorların sesleri, doktorların sesleri duyuldu. Bütün suç benim omuzlarıma bindi, vicdansız kocam suçu bana yüklediği için bundan kolaylıkla sıyrıldı.

Her şey kış kadar soğuk sona erdi.

Dünyaya geldiğimizde birilerinin tatlı sözlerine inanarak canımızı kolay kolay kaybetmeyeceğiz. Bu hayatta büyük başarılar elde etmeyi düşünmeliyiz. Sadece büyük bir hedef belirlemen gerekmiyor dostum. Belki bu kız umudu varken kayınvalidesinin eziyetlerine, kocasının dayaklarına dayanabilirdi... Bir kızın eve gittiğinde onu anlayacak bir hayat arkadaşı olmalı.

Neden ona bu kadar acı çektirdiler, zavallı kızın suçu neydi, beni seviyor muydu? Bilmiyorum...

Her şey kaderdir. Anne karnına çıktığımız andan itibaren kaderimiz yazılmıştır, bunu duadan başka hiçbir şey değiştiremez.

Bu küçük kızı annesine dua etmediği için suçlamak istemiyorum. Kaysidur'un yaptıklarını kınamak istemiyorum. Annelere yalvarıyorum sabırlı olun, kızlarınızı ateşe atmayın. Onların da yaşama hakları var, onların da hakkı var. Nefes almaya ve dünyanın tadını çıkarmaya hakları var. Onları bu mutluluktan erken ayırmayın. Para Devlete ağzını açmadan tek kelime demeyin.

Güzel kız kardeşlerim, genç hayatınızı bir aptala emanet etmeyin, öyle dönüm noktalarına ulaşın ki, size yalnızca en iyiler gelebilir.

Ayaklarınızı ezmeyin.

Gururlu olun ama kibirli olmayın.

Şükredin, nankör olmayın.

Akıllı ol, aptal olma.

Öğrenin, pratik yapın.

Bir kişiyi seçmek istediğinizde onun dünya ve din bilgisine sahip olduğunu düşünün.

"Çünkü insan ne kadar ilim sahibi olursa, kalbi de o kadar yumuşak olur"

Özbek halkının güzel bir atasözü

"İnanç dağında geyik yoktur", o yüzden hayatınıza karşılaştığınız her insanla başlamayın.

Görünen kişi göründüğü gibi olmayabilir.

Bu hikaye gerçek olaylara dayanılarak yazılmıştır.Yazmak için ..... yakın bir arkadaş ve komşudan bilgi alınmıştır.

Dilafruz Sobirjon'un kızı

Taşkent Devlet Hukuk Üniversitesi 1. Sınıf öğrencisi

ENFLASYONUN NÜFUSUN YAŞAM TARZI ÜZERİNDEKİ ETKİSİ.

Giriiş:

Her bireyin kişisel gelişimi paraya bağlı olduğundan ve mutlaka devlete etkisi olduğundan, bireyler bir araya gelince bütün bir toplumu, toplum da bütün bir devleti oluşturur. Bir kişinin kalkınması için gereken para miktarı mutlaka tüm ülkeyi etkileyecektir. Enflasyon nedir sorusunun cevabını bulalım.

Enflasyon, fiyat endeksinin genel olarak fazla olması ve paranın satın alma gücünün artmasıdır. Bu durum toplam ürün adedi fiyatlarının değişmesi veya piyasadaki paranın azalmasıyla ilgilidir.

Enflasyon kavramının birkaç tanımını daha verebiliriz.Örnek olarak enflasyonun birçok kişi tarafından paranın değer kaybı yani para üretimi sonucu ortaya çıkan bir durum olarak bilindiğini söylemek abartı olmaz. Yeterli tüketimin üzerinde. Bu tanımın anlamını daha derinlemesine ifade etmek için, iktisat bilimleri adayı I. Saifıddinov'un sözlerini aktarıyoruz;

Enflasyon, toplumsal üretimin gelişmesindeki orantısızlıklar nedeniyle mal ve hizmet fiyatlarında genel veya sürekli bir değişiklik sonucu para dolaşımı yasasının ihlali ve para biriminin devalüasyonudur.

Enflasyonun nüfusun yaşam tarzı üzerindeki etkisi, her miktarda paradan serbestçe etkilenir. Enflasyon oranı arttığında mal ve hizmet fiyatları artıyor, insanların satın alma gücü ve aldıkları ürünlerin kalitesi değişebiliyor, bu da yaşam tarzlarını, harcamaları ve yatırımları mutlaka etkileyecek.

Enflasyonun birçok farklı nedeni olabilir, ancak başlıca nedenlerin örnekleri aşağıda verilmiştir:

1. Ödemeler alanında büyüme;

2. Ödeme para birimi değişikliği;

3. Fiyat ve fonların büyümesi;

4. Devletin maliye politikası;

5. Arz ve talep ilişkileri;

Enflasyonun her ülke için kendine has koşulları ve nedenleri olabiliyor ve bu duruma katkıda bulunan pek çok faktör var.

"Enflasyon" kelimesi Latince "şişmiş", "abartılı", "artmış" anlamına gelen "enflasyon" kelimesinden türetilmiştir.

Orjinal içeriğini anlarsak enflasyon sırasında aldığımız ürünlerin fiyatı artar (daha pahalı olur), ancak paranın değeri tam tersidir. 19. Yüzyılın ortalarından itibaren ekonomistler tarafından ekonomik bir terim olarak kullanılana kadar tıpta kötü huylu bir tümörü tanımlamak için kullanıldı. Bu durumda bu terim gerçekten tehlikelidir çünkü enflasyon sadece piyasayı değiştirerek ekonominin tamamını etkiler. Enflasyona ekonomik açıdan yaklaşacak olursak, dolaşımdaki mallara ve bunların fiyatlarına göre çok miktarda para yaratılmasıdır. Tarihte pek çok Enflasyon vakasını gördük. Örneğin Özbekistan tarihinde enflasyonun düzeyi zaman içinde değişmektedir. Özbekistan'ın uluslararası analistleri ve istatistik otoritelerinin verdiği bilgiye göre, tarihsel olarak ülkenin enflasyon oranı farklı dönemlerde değişiklik gösterse de 1990'lı yılların sonundan 2000'li yılların başına kadar genellikle yüksek düzeyde seyrediyordu. Daha sonra devletin ekonomi politikasındaki değişiklikler ve çeşitli önlemler enflasyon seviyesini değiştirecektir. Şimdi Özbekistan hükümeti enflasyonu önlemek için önlemler alıyor.

Paranın değerindeki genel artış olan enflasyon, insanların yaşam tarzları üzerinde benzer birçok etkiye sahip olabilir. Enflasyonun hızla artması durumunda yaşam tarzları bu geçişin dışında kalabilir. İnsanlar fonlarını güvenli yatırımlar yapmak, işlemleri yönetmek ve harcamaları finanse etmeleri gerektiğinde kendilerini korumak için kullanabilirler.

Bu durumda paranın kalitesinin düşmesi nedeniyle harcamaların artmaması için büyük miktarlarda harcamalar aktarılabilir. Bu da insanların finansal güç ve güvenlik sağlama kabiliyetini artırıyor.

Özet;

Kısacası enflasyonun ülke ekonomisi üzerinde güçlü bir etkisi olduğunu görebiliyoruz. Ayrıca enflasyonun varlığı nüfusun yaşam koşulları üzerinde olumsuz bir etki yaratmamaktadır. Bugüne kadar ülkemizde enflasyonun düşürülmesine yönelik birçok önlem alınıyor.Bu konuda Özbekistan Merkez Bankası'na göre ülkemizde enflasyon süreci 2022 yılı itibarıyla %12,3 olup, bu göstergeyi 2022'ye indirecek kadar geniştir. Yüzde 5'inde ise geniş çaplı eylemler gerçekleştirildi.

Kayumov Sardor, Cizzakh bölgesinin Bakhmal ilçesinde doğdu. Halen Cizzakh Devlet Pedagoji Üniversitesi Özbek Dili ve Edebiyatı Fakültesi öğrencisidir. 2023 yılında Moskova'da düzenlenen "SUPER STAR" festivalinda birinci sınıf diplomaya layık görüldü. "Hilal" dergisinin III. Sayısı katılımcısı. 2023 yılında "Zomin Semineri"nin bölgesel aşamasının katılımcısı. 2023 cumhuriyetçi "Yılın Öğrencisi" yarışması, üniversite etabında 2.lik.

Sonsuz aşk istiyorsan sonsuz aşk

Dilde bin bir kelime,
Tek söylersem günah olur!
Gözyaşlarıyla ıslanmış yüzler,
Senden sığınmak istiyor.

Doğarız, ölürüz, yeniden diriliriz,
Senden yaratıldık ve sana döneceğiz.
Mahşer gününde bilmem hangi yüzle,
Hesap vaktinde seninle ilgileniyoruz.

Yan taraftaki cenaze bizim için bayramdır.
Sonuç Anko'nun tohumuydu.
Bu bir işaret olsa gerek
Kıyamet yakındır.

Ey dostum, gözlerini aç
Başkalarının üzüntüsünü yiyin.
Kaptan gibi deli bir adamdan küçük bir tavsiye,
Sonsuz sevgi istiyorsan sonsuz sevgi..!

2005 yılında Kaşkadarya bölgesinin Dehkanabad ilçesinde doğan **Mamarasulova Gulhayo İsrail**, şu anda Termiz Devlet Pedagoji Enstitüsü 1. Sınıf öğrencisi. Birçok yarışmaya katılmıştır. "Genç Okuyucu" yarışmasının bölgesel etabında gururla yer aldı

Hazine.

"Cennetin her zaman bir kütüphaneye benzediğini düşünmüştüm

Bir yer olması gerektiğini düşünüyorum."

(Jorge Luis Borges)

- Ben gidiyorum.

- Neden acele etmiyorsun, çayını içmiyorsun?

- Şimdi döneceğim canım, okuyucularım bekliyor.

* * *

İnsan hayatı boyunca çeşitli olaylardan geçer.Hayatı boyunca en çok hatırladığı olaylar hiç şüphesiz çocukluk anılarıdır.

• * *

Ben küçükken anneannemin eski bir sandığı vardı.bu sandık çok nadir açılırdı ve annem onun üzerinde yorganlar toplardı.uzun kış günlerinde evimizde anneannem, babam, annem, kız kardeşlerim, erkek kardeşim ve Ben lambanın ışığında oturup pamuk örerdim.babam o sıralarda bize değişik şarkılar söylerdi,annem de bizi ilginç hikayelerle sıkmazdı.Bir gün babaannem sandığı açardı. Boyası solmuş.. evet inanın açtı, içinde bir dünya dolusu kitap vardı.(gençtim o yüzden ne tür kitaplar olduğunu bilmiyordum.) Anneannem her birine sanki ruhu varmış gibi dikkatle baktı. Biraz daha sıkı tutarsa canı acıyabilirdi.

Evimiz rahat, bahçemiz genişti.bahçemizde çok sayıda meyve ağacı vardı ve babamın anlattığına göre bunları büyükannem biz torunlar için kendi elleriyle dikmişti.Ayrıca bir ineğimiz, koyunumuz ve keçimiz vardı. İneğin boynuzu yoktu, kız kardeşlerim nedenini sordu, ben de sordum. Kardeşlerimin anlattığına göre, ineğimizin boynuzlarından biri, kasap bahçesine girdiğinde kasap ona sopayla vurduğu için kırılmış.

Bir gün evimizin yakınındaki sokakta bir hendek vardı ve yaz boyunca su kesilmemişti. Kardeşimle ben oyun oynuyorduk ve canımız sıkılmıştı. Sonra ağabeyim dedi ki: "Hadi kağıttan tekne yapalım." Açılan sandık ağzı açık bir şekilde duruyordu. Hiç tereddüt etmeden tepeye çıktım ve kitaplardan birini aldım. Artık oyunumuz kızışınca anneannem buzağıyı gezdirirken kazara su içmeye yanımıza geldi, bizi görmedi ama yavaş kitabın ekmek gibi kutsal bir şey olduğunu, ona sahip çıkmamız gerektiğini anlattı. Sonra yerde yatan diğer kağıtları aldı.

Daha sonra sayfaları kitaba yapıştırdık.

• * *

Bu anılar aslında çocukluğumun sadece bir parçası. Ama bu anılar sayesinde bugün kitapları seven bir kız oldum. O zamandan bu yana ne kadar zaman geçti. Büyükannem de büyükannem gibi bizi terk etti. Ama bize gerçek hazine sayılan kitaplar bıraktı. Bu kitaplar otuz bir ve bunlar "Geçmiş Günler", "Boburnoma". ``Gece ve gündüz' ve diğerleri.

Şu anda bu kitaplardan yola çıkarak köyümüzün çocuk lari için bir kütüphane oluşturdum.Kütüphanemde oturup bunları düşünürken istemsizce gözlerimden yaşlar geldi.Kütüphaneme gelin birlikte okuyalım.

Farmonova Saodat Rahmonovna, 14 Ekim 1987'de Navoi bölgesinin Kızıltepe ilçesinde doğdu. Özbek uyruklu, Özbekçe, Rusça ve İngilizce bilmektedir.

Kızıltepe ilçesindeki 14. Genel ortaokuldan üstün notla mezun oldu.

2006 yılında TATU'nun Semerkant şubesine girdi ve 2010 yılında bu üniversiteden mükemmel notlarla mezun oldu.

2010 yılında Kızıltepe Konut ve Halk Meslek Yüksekokulu'na özel branş öğretmeni olarak katıldım.

2022 yılından bu yana Navoi Mimarlık ve İnşaat Teknik Koleji'nde Müdür Yardımcısı olarak çalışmaktadır.

KONU: SANAL DÜNYANIN SANAL TEHLİKELERİ

DİPNOT

Bu makalede sanal dünya ve onun olumsuz etkenlerine ilişkin kapsamlı öneri ve öneriler p. Ayrıca sanal dünyanın ne olduğu ve nasıl çalıştığı hakkında bilgiler verildi ve analizlerimize değindik.

Anahtar kelimeler: İnternet, sanal dünya, bilgisayar oyunları, terörizm, iletişim, yayıncı, küreselleşme, kitle kültürü, ahlak, toplumsal bilinç, internet, etik.

GİRiiŞ

21. yüzyılın "Bilgi Teknolojileri Çağı"nda neredeyse herkes interneti, mobil cihazları ve bilgisayarı kullanıyor. Ne yazık ki herkes cihazlarındaki işlevlerin %90'ını nasıl kullanacağını bilmiyor. Bu çok zor durumlara yol açar. Şu anda bunun önlenmesi için çeşitli önlemler alınıyor.

Modern bilgi teknolojileri günlük yaşamımıza giderek daha aktif bir şekilde dahil edilmekte ve halihazırda olağan araçlarımızın bir parçası olmayı başarmıştır. Toplumun her alanında kullanılıyor: İş yerinde, eğitim kurumlarında, sokakta, evde, her yerde. Bilgisayarların ve modern bilgi teknolojilerinin toplumun ve bireylerin gelişiminde büyük etkisi olduğu bilinmektedir. Ancak bu teknolojilerin doğru amaç için kullanılmaması bir takım olumsuz sonuçlara yol açmaktadır. Bu olumsuz etkiler üzerine birçok bilimsel çalışma yapılmış olmasına rağmen toplum hala bu alanda sorunlarla karşı karşıyadır.

"Zaman ilerledikçe insan, toplum ve devlet çıkarlarının güvenliğini etkileyen yeni tür bilgisayar suçları ve bilgiye karşı siber suçlar ortaya çıkıyor." Bu nedenle bilgilerin korunması her ülkede önemli bir devlet görevidir.

Günümüzde ülkemizde bilgi korumasının gerekliliği ve önemi, devlet bilgi koruma sisteminin oluşturulmasını ve bilgi güvenliğinin yasal temellerinin geliştirilmesini gerektirmektedir. İlk cumhurbaşkanımızın ifadesine göre bilginin elde edilmesi ve korunması devlet açısından önem arz eden bir konudur, "Vatandaşlarin bilişim alanındaki hak ve özgürlüklerinin sağlanması konusu, kişinin bilgi alma, bilgi edinme hak ve özgürlüklerini de kapsar. Bilgiyi ve kişisel görüşünü yaymıştır." Lib, bu Özbekistan'da demokratik bir toplumun temellerinin atılması için önemli bir koşuldur, tabiri caizse temel taşı olarak kabul edilir"

"Sürekli aklımıza gelen bir diğer önemli konu da gençlerimizin üslubu, davranışları, kısacası dünya görüşü ile ilgilidir. Günümüzde zaman hızla değişiyor. Gençler bu değişiklikleri herkesten daha fazla hissedecekler. Bırakın gençler, zamanlarının talepleriyle uyum içinde olsun. Ancak aynı zamanda kimliğini de unutmamalıdır. Kim olduğumuz ve büyük insanların torunlarının çağrısı her zaman kalplerinde yankılansın ve onları kendilerine sadık kalmaya teşvik etsin. Bunu nasıl başarabiliriz? Eğitim, eğitim ve sadece eğitim pahasına" diyor Ş. Mirziyoyev eğitimle ilgili konuşmasında.

ANA BÖLÜM

Sanal dünya, insanın bilgisayar teknolojisini kullanarak yarattığı bir dünyadır. Sanal dünya En son gerçeklik teknolojileri, kendinizi tamamen hayali dünyaya kaptırmanız için gözlükler ve kasklar oluşturmanıza olanak tanır. Gerçek hayattan tamamen uzaklaşmanızı sağlarlar.

Yeni teknolojileri öğrenen insanlar sanal dünyaya akın ediyor ancak sanal gerçekliğin psikolojik etkilerinin tehlikeli olabileceğini unutuyorlar. Günümüzde hayatın sorunlarından kaçıp başka bir dünyaya düşmenizi sağlayan pek çok cihaz var. Sanal gerçeklik sisteminin gelişimi öyle bir seviyeye ulaştı ki, kişi kelimenin tam anlamıyla ikinci dünyada yaşıyor, kendisini tamamen sanal dünyaya kaptırıyor.

Gençlerin hayatında sanal dünyaya girmenin veya sanallaşmanın temel nedenleri ebeveynlerin çocuklarına ilgi göstermemesi ve çocuğun yalnızlık duygusudur. Beni rahatsız etmesinler diye ya da sussun diye çocuğuna cep telefonu ya da bilgisayar veren, çocuğu meşgul olan ve bizi sık sık rahatsız etmeyen anne babalar var. Çocuklar da başkalarının dikkatini çekmeye ve internete yani sanal dünyaya girmeye başlıyor. Farklı yabancılarla tanışmak, oyun oynamak, harika filmler izlemek ve farklı müzikler dinlemek, çevrimiçi çalışmak ve daha fazlası için birçok fırsat var.Gençler sanal dünyada yeni arkadaşlar bulabilir veya çeşitli harika oyunlar oynayabilir, kendini meşgul edebilir. Ama giderek daha çok internete maruz kalıyor, yani sanal dünyanın tutsağı oluyor. Tıpkı madalyonun iki yüzü olduğu gibi sanal dünyada da olumlu ve olumsuz faktörler var. Sanallaştırma gençlerin hayatında o kadar hızlı bir şekilde popülerleşiyor ki, örümcek ağına yakalanmış bir böcek gibi, sanal dünyanın esiri haline gelmiş bir insanın oradan kaçması imkansız hale geliyor. Evet internet tüm dünyayı saran bir örümcek ağı gibi ve ne yazık ki içine düşenlerin çoğu gençler.

"Sanal dünya, bilgisayar teknolojisine dayalı programlamayla inşa edilmiş, yapay olarak yaratılmış bir dünyadır." Sanal dünyada kişi belirli bir profil oluşturur ve modern teknolojilerin olanaklarından yararlanarak sanal dünyanın çeşitli mekanlarında diğer profil sahipleriyle sosyal ilişkilere girer. Buna örnek olarak e-posta, SMS, MMS, internet siteleri, sosyal ağlar, çevrimiçi video oyunları ve sanal alan verilebilir. "Sanal dünya, kullanıcıların boş zamanlarını geçirmeleri için tasarlanmıştır."

"Sanal dünyanın" bize kişinin duygusal dünyasını ve onun

içindeki somut deneyimlerini hatırlatması önemli değildir, ancak karşılık gelen fikirler ne kadar tuhaf olursa olsun, kişinin bu fikirlere karşılık gelen bir dünyada olması önemlidir. Belki. Sanal dünya – bilgisayar oyunları, mevcut dünyanın birçok yönünün temsil edildiği yeni bir sanal dünya konsepti yarattı. Çevrimiçi oyunlar ve diğer oyunlar emtia-para ilişkileri alanına girmiştir.

Kullanıcı bilgisayar simülasyon dünyası kullanıcıya duyusal uyaranlar sunar. Kullanıcıdan kullanıcıya iletişim; metin, grafik simgeler, görsel jestler, ses ve nadir durumlarda dokunma, sesli komutlar ve denge duygusunu kullanan formlardan oluşabilir.

Büyük ölçekli 3D olanlar da dahil olmak üzere çok oyunculu çevrimiçi oyun tabanlı dünyalarda bilimkurgu, gerçek dünya, süper kahraman, spor ve korku durumlarını tanımlamak kolaydır. Sanal dünya eğitim için geniş fırsatlara sahiptir. Daha fazla eğitim platformu ve alanı olursa topluma faydası olur. Buna olan ihtiyaç özellikle pandemi döneminde belirgindir. Bu dünya bilimini dünyaya yaymanın en kolay yolu, bir bilimin en iyi uzmanının verdiği derslerin, en uzak bölgelerdeki sınırlı imkanlarla bile görülebilmesidir. Sanal dünyada gerçek derste kullanılan birçok materyal ve teknik kaynak kaydedilir. Ayrıca gerçek sınıfta yapılması mümkün olmayan bazı ders konuları, öğrencinin gözü önünde somutlaştırılarak sanal dünyada kolaylıkla anlatılabilir.

Örneğin coğrafi konumlar, doğal olaylar, kimyasal reaksiyonlar, fiziksel hareket ve yasaların gösterilmesi kolaydır.

Sanal oyunların en yaygın biçimi hakkında, "Birçok fantastik dünya var ve nispeten azı gerçek hayata dayanıyor. Birçok sanal dünya gerçek zamanlı olarak sürekli iletişim halindedir. Avatarlar, farklı binalar, şehirler ve dünyalar arasında seyahat eden, iş veya eğlence etkinlikleri gerçekleştiren karakterler yaratır. İletişim genellikle metin tabanlıdır ancak gerçek zamanlı olup ses ve video seçenekleri mevcuttur. Kullanılan iletişim türü, oyuncuların oyun deneyimi üzerinde büyük bir etkiye sahip olabilir" diyor Bartle Richard. Bu günlerde Sanal dünyalar yalnızca oyunlarla sınırlı kalmamış, sağlanan alaka düzeyine bağlı olarak bilgisayar konferansı ve yazılı sohbet odalarını da içerecek şekilde genişletilmiştir. Günümüzde yayıncılık, bloggerlık gibi meslekler ortaya çıktı. Deneyimli blogcular genellikle topluluğa faydalı içerikler hazırlamaya çalışırlar. Genç blogcular, faydalı, faydasız, anlamsız çeşitli içerikleriyle toplumun bilincini ve ahlaki değerlerini olumsuz yönde değiştiriyorlar. Ve yayıncılar, onları izleyen hayranları için her şeye hazır. Çeşitli toplumların yasakladığı ve pek çok insanın yapmadığı şeyleri yaparak para kazanıyorlar. Elbette iyi yayıncılar da var, iyi niyetli olanlar da. Ama genel olarak bu flamalar çok fazla zaman alıyor, topluma ve gençlere zarar veriyor çünkü amaçsız ve anlamsız konuşmalar çok fazla. Yayıncılar sıklıkla video oyunları oynuyor ve oyun içi eylemleri ve konuşmalarını gösteriyor. Oyun videolarını çeşitli ağlara yükleyerek ve bağış (destek parası) kazanarak para kazanıyorlar. Yayıncılar Sanal dünya kullanıcılarının en çok ilgi duyduğu bu alanda yayıncıları mutlaka bulacaksınız. Bu da gençlerin ilgilendikleri alanı yaşamaları ve öğrenmeleri için güzel bir fırsat ama internette ahlaka aykırı davranışlarda bulunan ünlü yayıncıları, video oyunlarını, röportajlarını araştırırsanız gözlem sayısı yüksek. Medyada hatta pornografik yayınlarda bile ünlülerle tanışabilirsiniz. Bunlar genç neslin eğitimi açısından büyük tehlikedir. Yayıncılar arasındaki kavgalar küfür ve hakaretlerle doludur ve bunları izleyen kullanıcıların ruh dünyasına zarar verir. Bu tür yayıncılık faaliyetleri bugün modern toplumumuzun karşı karşıya olduğu büyük bir sorundur. Özbekistan'da ve yurt dışında çok sayıda yayıncının yasa dışı eylemleri adalete teslim edildi. Ancak bunların dışında kendilerini anonim tutan yayıncıların faaliyetlerinin durdurulması sorunu acildir.

Pek çok kullanıcı bu sanal dünyalara toplumdan ya da konfor alanından bir kaçışın yanı sıra bir kabullenme, özgürlük ve uyarılma duygusu arayarak girer. "Sanal dünyalar, kullanıcılara, gerçek hayatta kolaylıkla yapamayacakları birçok kişisel ilgi alanını sanal dünyada özgürce keşfetme fırsatı veriyor." Ancak kullanıcılar bu sanal becerileri sanal dünyanın dışında uygulayamayabilirler. Böylece sanal dünyalar, kullanıcıların dünyayı dolaşmasına olanak sağlamakta ve "cazibesi" ile onları yeni sanal yaşamlara bağımlı hale getirebilmektedir. Bu bağımlılık, gerçek hayatta başkalarıyla zihinsel olarak etkileşime girmeyi zorlaştırabilir. Sanal dünyanın özgürlüğünün sebeplerinden biri de sanal dünyaların mahremiyetiyle ilgilidir. Bireye sosyal normlardan, aile baskılarından veya kişisel yaşamlarında karşılaşabilecekleri beklentilerden kurtulma yeteneği verir. Bir avatar kişiliği, acıyı gizlemek veya hissetmek için uyuşturucu veya alkol aldıktan sonra sarhoşluk gibi kaçışçı bir deneyim yaşıyor. Sanal dünyada avatar, kişinin ikinci kişiliği haline gelir.

SONUÇ VE ÖNERİLER

Sonuç olarak, gençleri bilimsel ve teknik başarılara alıştırmanın gerekli olduğu söylenmelidir, ancak olumsuz sonuçlar dikkate alınarak, zihinlerine sürekli kontrol ve açıklayıcı çalışmanın telkin edilmesi tavsiye edilir. Viralizasyon gençlerin hayatında giderek daha popüler hale geliyor. Ama bunun olumlu ve olumsuz faktörlerinin gençlere zarar vermesini önlemek her birimizin görevidir. Çünkü gelecek gençlerin elindedir ve gençlerimizin gelecekte büyük insanlar olmaları gerekiyor.

Sanal dünya, belirli bir amaç içinse yalnızca ölçülü olduğunda faydalıdır. Bu dünyaya zaman geçirmek için girerseniz, sizi geri dönüşü zor olan ve çeşitli zararlı sonuçlara neden olan "ilginç" bir yere dönüştürür. Sanal dünya araçları zamanımızı parçalıyor ve konsantrasyon yeteneğimizi zayıflatıyor. Bu araçların olumsuz etkisi ise gençlerin yeni bilgiler edinmeye konsantre olamamasıdır. İnsanların gerçek hayatta sosyal izolasyonu, yabancılaşması da sanal dünyanın zararlı biridir.

REFERANS LİSTESİ:

1.Mirziyoyev Ş. Birlikte özgür ve müreffeh demokratik bir ülke olan Özbekistan'ı inşa edeceğiz. – T., Özbekistan, 2016.

2. Özbekistan Cumhuriyeti Cumhurbaşkanının "Özbekistan Cumhuriyeti'nin daha da gelişmesi için Eylem Stratejisi"ne ilişkin Kararnamesi (Halkın Sözü, 8 Şubat 2017)

3. Mirziyoyev Ş. Büyük geleceğimizi cesur ve asil halkımızla birlikte inşa edeceğiz. – T., Özbekistan, 2017.

4.Mirziyoyev Ş. Hukukun üstünlüğünün ve insan çıkarlarının sağlanması, ülkenin kalkınmasının ve insanların refahının garantisidir. – T., Özbekistan, 2017.

5. Özbekistan Cumhuriyeti Cumhurbaşkanının "Yükseköğretim sisteminin daha da geliştirilmesine yönelik tedbirler"e ilişkin Kararı (Halkın sözü, 21 Nisan 2017)

6. Karimova G. "Sanal dünya ve eğitim sorunları" 03.11.2009.

7. Nuriman Abulkhasan. Dini içerikli sanal tehditlerin toplumun siyasi istikrarı üzerindeki etkisi 23.00.02 – siyasi kurumlar, süreçler ve teknolojiler Siyaset bilimleri üzerine Felsefe Doktoru (Doktora) tezi

8. Seymour Bosworth, Michel Ye. Kabay, Eric Whyne.

Bilgisayar güvenliği el kitabı. Wiley.2014.

9. Tulyaev A.I., Sanal dünyanın ahlaki sorunları (felsefi analiz): Fals. Bilim. Uzun. Sahte doktor. (Doktora) Diss. Otomatik referans – Taşkent: 2021. – B. 13.

10. B. Richard. Sanal dünyalar tasirlamak. Yeni biniciler. T.: 2003. -143 s.

11. Castronova, Edward Synthetic Worlds: Çevrimiçi Oyunların İşi ve Kültürü. 2005. S.20

12. Biocca, Frank; Levy, Mark R. (1995). Sanal Gerçeklik Çağında İletişim. Lawrence Erlbaum Ortakları.

13. Mennecke, Brian E. "İkinci Yaşam ve Diğer Sanal Dünyalar: Araştırma için Bir Yol Haritası" 2008 s. 47-48

14. https://www.forbes.com/sites/kevinanderton/2018/01/14/the-business-of-video-games-streamers-andrefereum/?sh=75aa6d146617

Orinbayeva Dildara Azadbay, 10 Mart 2008'de Karakalpakstan Cumhuriyeti'nin Tortkol ilçesinde doğdu. Tortkol ilçesi 24 numaralı okulun 9. Sınıf öğrencisi. Mükemmel notlarla okuyor, Özbekistan Cumhuriyeti Gençlik Birliği'nin kaptanı ve birçok etkinlik düzenliyor. Şiirleri yayımlanmış yetenekli bir yazardır. "Vefa" şiiri "Korparcha Koleksiyonu"nda yayımlandı ve sertifika ile işaretlendi. "MAVİ GÖKYÜZÜNÜN YILDIZLARI" antolojisi "BİYOLOJİ HAKKINDA İLGİNÇ BİLGİLER" başlıklı makaleyi yayınlayarak sertifika ve diploma ile ödüllendirildi

Yağmurlar

Beyaz bir buluttan yağmur yağıyor,

Sanki gözlüklerim kayıyor

Gökten damlalar,

Sanki gökler de ağlıyor.

Belki yağan yağmurlar

Acımı kalbimden çıkar,

Bir mucize gibi gökten iniyor,

Sadece yağmurlara ihtiyacım var

Yağmur bir damla değil

Yağmurlar uzak duyguların işaretidir.

Bu kalp sevinçle doludur.

Elveda yağmurlar

Sana zarar vermem,

Sana nice şiirler yazacağım

Sana daha çok sözüm var

Abduvaliyeva Dilzoda

Abdulla Oripov'un şiirindeki tarihi şahsiyetlerin görüntüsü.

EK AÇIKLAMA: Abdullah Oripov'un şiirlerinde pek çok tarihi şahsiyete atıfta bulunduğunu görüyoruz. Şairin gençlere uzak geçmişin olaylarına, büyük atalarımızın hayatına ve kaderine kayıtsız kalmamayı öğrettiğini söylemek abartı olmaz. Abdulla Oripov'un yeteneğinin fikri, parlak bir imaj aracılığıyla insan kalbine ulusal birliği aşılamaya çalışmasıdır. Öyle görünüyor ki, halkımızın geçmişine, büyük atalarının hayatına ve kaderine adanan şiirlerinde, kendini tanımayı amaçlayan insanlık ve vatanseverlik fikrini savunan şairin kişiliğinin bir yansımasıdır.

Anahtar kelimeler:Alisher Navai Amir Timur Babur Abu Ali İbn Sino

Her şairin kendine has bir yaratım yolu vardır, Abdulla Oripov da yaratım tarzıyla okuyucuların gönlünde geniş yer edinmiş bir şairdir, eserleri milletin, ülkenin kaderiyle, geçmişiyle, bugünüyle bağlantılıdır. Ve gelecek. Özbek edebiyatının şiirine katkıda bulunan Özbekistan kahramanı Abdulla Oripov. Şairin araştırmasında halkımızın geçmiş gerçekliğinin, büyük atalarımızın yaşamının ve kaderinin incelenmesi özel bir yer tuttu. Abdulla Oripov'un tarihe karşı tavrını ifade eden şiirlerinde, destanlarında, dramalarında ve atasözlerinde zamanın ruhu her zaman hissedilmektedir. "Alişer", "Pehlavon Mahmud'un mezarı başında", "Mü'min Mirza", "Timur'un bahçeleri", "Furkat'ın feryadı", "Alişer'in annesi", "Babur", "Hakim va ecal" gibi şiirlerinde, "Sahibqiran" "beş perdelik şiirsel dramada şair, büyük şahsiyetlerin kaderi üzerinden günümüzün manevi, ahlaki, sosyal-felsefi sorunlarına yanıt bulmayı amaçlamaktadır.

Abdulla Oripov'un sözlerinde insan onurunu yükselten, yüksek manevi ve ahlaki nitelikleri yücelten özgürlüğün en yüksek insani değer olduğu açıkça görülüyor. İslam Abduganievich Kerimov, "Tarihsel hafıza olmadan gelecek olmaz" başlıklı makalesinde şunları söyledi: "Öz-farkındalık, tarihi bilmekle başlar. Tarihsel hafızaya sahip bir kişi, iradeli bir kişidir." Pek çok şairimizin eserlerinde tarihi şahsiyetler hakkında yazılmış roman, şiir ve destanlara rastlıyoruz. Abdulla Oripov'un eserlerinde bunu görebiliriz. Bağımsızlık yıllarında şair Emir Temur imajını yarattı.

1995 yılında yazılan "Sahibqiron" destanı edebiyat hayatımızda önemli bir olaydı. Emir ayrıca Timur'un kişiliğinin çeşitli yönlerini ortaya koyan "Temur'un Bahçeleri", "Temur'un Taşı", "Ak Saray" gibi şiirler de yazmıştır. Eser, dağınık milletleri birleştiren ve büyük bir devlet kuran, her yerde yaratıcılık ve yaratıcılık gerçekleştiren, askeri liderliği askeri sanat düzeyine çıkaran büyük şahsiyet olan Emir Timur'un hayatının son yıllarındaki olayları anlatıyor. Abdulla Oripov'un lirik-epik eseri "Hakim ve Ajal"da, yüksek modern gerçeklikten iyilik ve adalet ideallerinin bir örneğini, İslam düşünürü Ebu Ali İbn Sina'nın hayatı ve kaderi örneğinde görebiliriz. Özbek halkı. İbni Sina'nın ilmi faaliyeti iyiliğe dayandığı için bizde saygı duygusu uyandırır.

Abdulla Oripov'un büyük atalarımızın hayatına ve kaderine ithaf ettiği tarihi temalı şiirleri, destanları ve şiirsel dramaları, halkımızın ve ülkemizin yirmi birinci yüzyılına ilişkin makaleleri ve sohbetleri sevgi ve saygı duygularıyla doludur. Abdulla Oripov, Fitrat, Cholpon, Oybek, Maqsud Shaykhzada gibi öğretmenler, Mozi'yi esas alarak günümüzün manevi meselelerine cevap arama geleneğini sürdürüyorlar.

www.ingramcontent.com/pod-product-compliance
Lightning Source LLC
LaVergne TN
LVHW010619070526
838199LV00063BA/5199